Maria Cláudia Sousa

Potencialize *sua* memória

CONSULTORIA
Dr. Paulo Henrique Ferreira Bertolucci
Neurologista

COLABORAÇÃO
Rosana Braga

ARTE PAUBRASIL
São Paulo, 2007

Manuela Editorial Ltda.
Rua Dr. Amâncio de Carvalho, 192/206 – Vila Mariana
04012-080 – São Paulo, SP
Telefone: (11) 5085.8080
livraria@artepaubrasil.com.br
www.artepaubrasil.com.br

Editor
Raimundo Gadelha

Coordenação Editorial
Ingrid Velasques

Capa, projeto gráfico e editoração eletrônica
Vaner Alaimo

Revisão de texto
Karina Danza
Juliana Ferreira da Costa

Impressão
Bartira Gráfica

Dados Internacionais de Catalogação na Publicação (CIP)
(Câmara Brasileira do Livro, SP, Brasil)

Sousa, Maria Cláudia

Pontencialize sua memória / Maria Cláudia Sousa, Rosana Braga ; consultoria Paulo Henrique Ferreira Bertolucci. -- São Paulo : Manuela Editorial, 2007.

ISBN 978-85-99629-08-6

1. Memória 2. Memória - Treinamento I. Braga, Rosana. II. Bertolucci, Paulo Henrique Ferreira. III. Título.

07-10203 CDD-153.14

Índice para catálogo sistemático:
1. Memória : Treinamento : Psicologia 153.14

Impresso no Brasil
Printed in Brazil

Sumário

Introdução

Um dia, ouvimos uma atriz dizer, em um programa de televisão, que o segredo do sucesso é ter uma ótima saúde e uma péssima memória.

A afirmativa nos chamou a atenção e ficamos pensando no quanto aquilo fazia sentido. Claro que ela se referia ao fato de não ficarmos remoendo dores e mágoas do passado, já que a memória também serve para não nos esquecermos das fases difíceis, das vezes em que nos prejudicaram e daquelas em que não fomos nada felizes...

Sendo assim, podemos começar ressaltando que se lembrar de tudo não é o propósito para investir na saúde mental. Ninguém consegue apreender e reter todas as informações e situações vividas ao longo de anos e anos. Mas que seria muito bom se conseguíssemos recuperar lembranças úteis, boas e felizes sempre que desejássemos, isso seria sem dúvida! Sem contar com o fato de preservar e melhorar nosso raciocínio.

O objetivo deste livro, que contou com a valiosa consultoria do neurologista Paulo Henrique Ferreira Bertolucci[1], é aprendermos a cuidar e alimentar cuidadosamente nossa máquina cerebral a fim de que ela seja uma ferramenta eficiente e hábil a despeito do tempo e de todos os vilões que nos atacam no dia-a-dia.

Portanto, mais do que se questionar sobre quanto você tem se esquecido de certas informações à medida que as pressões crescem, quanto as cobranças diárias lhe sufocam e os seus anos de vida aumentam, talvez seja apropriado questionar-se, de tempos em tempos, sobre o que realmente é importante lembrar e com que intensidade isso serve para lhe fazer uma pessoa melhor e mais feliz.

É por este caminho que as páginas a seguir levarão sua mente: na busca de mais saúde e bem-estar, em todos os sentidos.

A autora.

---

[1] Chefe do Setor de Neurologia do Comportamento e coordenador do Núcleo de Envelhecimento Cerebral (Nudec) da Universidade Federal de São Paulo/Escola Paulista de Medicina (Unifesp/EPM).

Capítulo 1

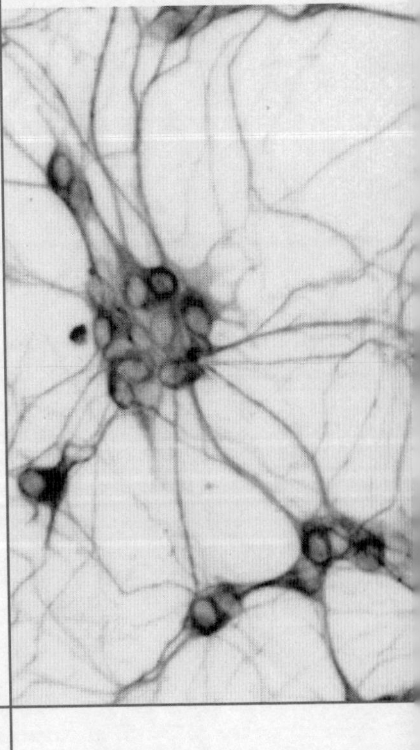

Desvendando a memória

Quem faz aniversário hoje mesmo?

Comprou o presente? Pagou aquele boleto bancário? Foi ao médico? Fez o relatório para a empresa? Foi ao supermercado? Marcou a viagem? Reencontrou seu amigo? Qual é o nome daquela pessoa mesmo? Matriculou-se no curso? Já viu os e-mails? Respondeu àquela mensagem super importante? Enviou a proposta? Foi à academia? Pegou seu filho na escola? Combinou o almoço em família? Fez... Nossa, você esqueceu?

Que dirá então se perguntarmos o que comeu no café da manhã ou ao que assistiu ontem na TV? Deu "branco".

Imagine ainda que, para destacar-se no atual mercado profissional, sua cabeça tem de ter espaço para gerar idéias criativas e inovadoras a cada dia.

Você já deve é ter ficado estressado só em lembrar de alguns dos compromissos que podem fazer parte de sua vida. E apenas adiantando um dado: saiba que o estresse é um dos vilões que prejudica a memória.

MEMÓRIA FRACA OU EXCESSO DE INFORMAÇÃO PARA GERENCIAR?

É verdade que os adultos da geração atual têm uma combinação bombástica de informações: tecnologia, trabalho, família, tarefas do lar etc. Mas as crianças também estão imersas em um contexto de excesso de informações. Até que ponto isso pode prejudicar a memória e a concentração? Falaremos sobre isso mais adiante.

Independente da quantidade de informações, o fato é que a memória, como todo o corpo, envelhece com o tempo e vai perdendo algumas de suas capacidades. Mas, seja qual for sua idade, a boa notícia é que você pode potencializar sua memória.

Assim como seleciona os alimentos que ingere e faz exercícios para manter ou obter uma saúde melhor, pode adotar hábitos e praticar atividades para preservar e ampliar a capacidade de atuação da sua memória. Isso repercutirá hoje, na atualidade, e não só na sua futura qualidade de vida.

Quanto mais em ação estiver seu cérebro, melhor ele funcionará e mais protegido estará de doenças e da degeneração.

Em poucas palavras, segue um valioso segredo: use a memória e retenha somente aquilo que é essencial!

Usamos só um percentual da capacidade da memória?
Dr. Paulo Bertolucci: teoricamente a memória tem capacidade quase ilimitada e, portanto, não a usamos plenamente.

COMO OS NEURÔNIOS ENTRAM EM AÇÃO

Antes de partirmos para ações práticas, vamos conhecer um pouco sobre essa supermáquina chamada memória. Não queremos apresentar aqui informações em demasia. Depois de lê-las, na verdade, nem é importante que as memorize. Apenas, enquanto as lê, procure apreender o que for significativo para você.

Você pode tentar associar, imaginar – fazendo até um exercício de visualização – como alguns processos acontecem no seu cérebro. Essa é uma forma de internalizar mais facilmente os dados. E você já estará exercitando seus neurônios.

• Na gestação

O potencial para guardar informações começa bem antes de conhecermos o mundo aqui do lado de fora. Um bebê, ainda no útero, pode receber estímulos, como a voz dos pais ou a melodia de uma música, e ser capaz de reconhecê-los depois do nascimento.

No começo da vida, as conexões cerebrais estão em formação, portanto não se tem capacidade para arquivar muitos dados – é difícil até lembrarmos de algo que aconteceu nessa fase. Mas, em compensação, a atenção de um bebê ao que acontece ao seu redor é muito maior.

A capacidade de memorização aumenta a partir dos dois ou três anos, época em que geralmente a fala se desenvolve melhor.

Já depois de adultos, à medida que envelhecemos, é comum diminuirmos nossa atenção e, assim, o registro das informações.

• Redes de comunicação

O cérebro é formado por bilhões de neurônios (células nervosas). Eles têm papel fundamental em nossa memória, além, é claro, de outras tantas funções no nosso corpo.

Os neurônios são alongados e ramificados, apresentam extensões, como se fossem diversos braços, por meio dos quais um se aproxima do outro. Eles produzem substâncias químicas chamadas neurotransmissores – a adrenalina, por exemplo, é um deles.

A própria palavra neurotransmissor já nos ajuda a indicar sua função: promover a comunicação entre um neurônio e outro, isto é, transmitir informações para que o processo de compreensão, aprendizado, significado, sensação... E, claro, memória ocorra no cérebro. E o trabalho tem mesmo de ser coletivo. Os neurônios precisam atuar em conjunto. De forma simples, funciona assim: por meio dos neurotransmissores, um neurônio passa informação para outro, que passa para outro e assim em diante. Uma rede de transmissão está formada – as sinapses, um verdadeiro circuito de comunicação entre os neurônios. Caminhos pelos quais se constroem aprendizados e experiências que ficam armazenados na memória. Os neurônios captam os estímulos que recebemos do ambiente e os decodificam, interpretam, armazenam ou elaboram respostas.

Independentemente da idade, o cérebro continua sendo capaz de criar novas conexões entre suas células durante toda a vida. E isso ocorre com mais intensidade se a pessoa se mantiver intelectualmente ativa. Diversas são as atividades que podem aumentar o número de sinapses entre os neurônios, potencializando a memória. Você vai conhecê-las logo mais.

Em outras palavras, para a memória entrar em ação, os neurônios têm de estar ativos! Cheiros, sabores, sons, fotos, cores, cenários... Um simples estímulo pode levar-nos de volta ao passado em questão de segundos. No instante em que esse estímulo entra em ação forma-se um percurso sináptico – um mapa – entre os neurônios, reativando aquele circuito que ficou armazenado. É a busca pela lembrança dentre milhares de informações guardadas.

Em síntese, cada nova informação que recebemos passa por um processo bioquímico de transmissão entre os neurônios. Dependendo da importância, pode ser arquivada ou não. Se sim, a informação fará parte da memória de longa duração, a qual pode permanecer durante anos.

- **Tipos de memória**

Ontem você deixou seu carro em uma vaga de um estacionamento e quando foi buscá-lo lembrou-se perfeitamente onde ele estava. Se hoje lhe fosse perguntado qual era esse local, talvez você não se lembrasse.

Com certeza você já vivenciou momentos em que apenas ao olhar para uma foto foi capaz de recordar e reviver detalhes de ocasiões especiais de sua infância. Ou conseguiu cantar toda a letra daquela música que há tempos não ouvia. Veja, somos até capazes, automática e inconscientemente, de lembrar dos comandos para dirigir um carro ou uma moto. Isso tudo tem a ver com os tipos de memória.

A memória recebe, registra e depois faz uso das informações armazenadas. Melhor dizendo, não ela, mas o complexo sistema cerebral que a constitui. Afinal, o processamento das recordações não ocorre em um local isolado, envolve vários circuitos da mente em que variadas memórias são ativadas.

Os cientistas já classificaram pelo menos três tipos de memória, em função da duração.

Uma delas é chamada de curtíssima duração, também conhecida como ultra-rápida – a informação dura apenas alguns segundos. É quando, por exemplo, você olha para um número de telefone, disca para ele e segundos depois não se lembra mais daquele número.

A outra é a memória de curta duração, conhecida ainda como operacional ou de trabalho. Ela guarda as informações por um tempo limitado. Ajuda-nos a dar continuidade a ações recentes, ou seja, armazenamos informações apenas para o raciocínio imediato. É o caso de buscar o carro no estacionamento.

Outro exemplo: quando você lê um dado que será necessário para fazer algo, como uma receita de bolo. Assim que termina a tarefa, esquece a receita e ela não fica armazenada na sua memória. A informação mantém-se viva enquanto é processada ou executada. O cérebro sabe que não precisamos ficar superlotados de informações que nos são corriqueiras.

A terceira é a memória de longa duração ou longo prazo, na qual as informações podem ser guardadas durante toda a vida. No mecanismo que envolve esse tipo de recordação entram em ação algumas estratégias usadas pelo cérebro, como a memória explícita e a implícita.

A explícita guarda acontecimentos do dia-a-dia, retém eventos e fatos passados – aniversário, festa de casamento etc. É consciente, ou seja, você tem acesso consciente ao conteúdo da informação. Já a implícita é o nosso "piloto automático", é a memória para procedimentos e habilidades. Nós a acessamos, por exemplo, quando amarramos um sapato, andamos de bicicleta, nadamos, ou seja, agimos sem a necessidade de verbalizar os procedimentos. São atitudes inconscientes.

Essa é uma breve descrição de alguns processos já descobertos. Mas ainda há muito a se desvendar sobre o cérebro. Na trajetória das recordações também há de se considerar as memórias visuais, auditivas ou olfativas, por exemplo. O cheiro de hortelã, quem sabe, pode deflagrar uma história especial que você tenha vivido.

Não é possível afirmar ao certo quantos tipos de memória existem. Cada pessoa tem sua individualidade e possui um canal de percepção mais desenvolvido que outros. Conhecer qual é esse canal e explorá-lo é também um fator importante para potencializar sua memória.

• A memória é limitada?

Teoricamente a capacidade da memória é ilimitada. Ainda não é possível saber exatamente se existe uma capacidade máxima e diferenciada para cada um de nós. Usamos a palavra ainda porque pode ser que um dia a Ciência desvende todos os mistérios do cérebro e tenha todas as respostas para nos dar. Enquanto isso não acontece, o que se sabe é que pode haver saturação de informações, especialmente quando elas se processam por um período longo e ininterrupto.

Ao se preparar para aquela prova ou para aquele concurso, você dedica horas e horas para os estudos, porém, chega um momento em que é preciso dar uma pausa, um descanso para o cérebro. Você não consegue mais se concentrar direito. O mesmo acontece quando assistimos a várias aulas seguidas, é preciso um tempo para o cafezinho e depois retomar.

Isso ocorre em ocasiões nas quais, ao mesmo tempo, existe aquisição e evocação da memória; dessa forma, o hipocampo (região cerebral muito utilizada nesse processo) pode saturar-se e, assim, precisar de um descanso para se regenerar.

• Quanta informação!

Você já se deparou tendo uma daquelas crises por causa do excesso de informação? Isso deve ter acontecido, especialmente, se você vive a era do "é preciso manter-se atualizado". Jornal para ler, revistas, artigos, livros, MBA, pós-graduação, inglês, espanhol, relatório, filmes, documentários, acompanhar o mercado de ações, vários e-mails para ver e outros tantos para responder... Para muitos de nós, a jornada de trabalho não se encerra quando o expediente acaba. Ao chegar em casa, o computador é ligado e as tarefas continuam.

Até que ponto esse excesso de informações pode ser prejudicial ou saudável para a memória?

Receber um intenso volume de estímulos pode ser vantajoso por levar o cérebro a exercer mais conexões entre os neurônios para, em suma, melhorar sua performace. No entanto, se a quantidade de informações estiver andando ao lado de preocupações, ansiedade, tensão, enfim, muitas condições estressantes, pode acabar por gerar o efeito inverso. Isto é, você terá maior dificuldade para se concentrar, ou seja, a atenção tende a se reduzir.

Situações de estresse liberam grande quantidade de corticosterona. Esse hormônio, em níveis cronicamente elevados, atua de forma prejudicial no hipocampo. Já estar levemente estressado pode até ser bom, pois ativa a circulação e desperta a atenção.

Jogos eletrônicos e uso do computador são benéficos ou maléficos?

Dr. Paulo Bertolucci: depende da freqüência de uso e que isso não comprometa atividades importantes, como a interação social. Estes jogos podem ajudar a focalizar e aumentar o tempo de atenção.

• **Arquivo de memórias**

Temos um convite para sua memória!

Viaje agora pelo tempo, ative os neurônios e, calmamente, pense no que se lembra ao ler os itens a seguir.

2x.y2
conga
bicicleta
MP4
filho
mergulho
You Tube
beijo
fraque

Se um deles fez ou faz parte da sua vida, com certeza você ativou seus neurônios e suas recordações. Resgatou um momento em que algum(ns) item(ns) teve um significado e, quem sabe, bem especial, reativando todo um circuito e revivendo um fato.

Não foi o acontecimento real porque não guardamos as informações de maneira totalmente fiéis, e sim traços ou fragmentos delas. Assim, reconstruímos os dados cada vez que os resgatamos. E eles podem vir carregados de emoções. Se o conga fez parte da sua infância, provavelmente você recuperou uma sensação especial daquela época. Se você tem uma história marcante com o MP4, ela deve ter sido relembrada.

Por que será que recordamos alguns episódios, datas, pessoas, enquanto outros acontecimentos parecem ter sido simplesmente apagados?

Há registros que precisam apenas de estímulos para que sejam redescobertos no complexo compartimento da memória. Outros podem realmente não permanecer no arquivo.

A memória é uma seleção de experiências. E ainda bem que não funciona como um gravador, um CD, uma fita de vídeo, enfim, essas tecnologias em que podemos registrar detalhes de tudo o que vivemos. Até por que, para que serviria guardar tudo isso?

Ocupar o espaço com as lembranças boas e priorizar o que fica lá e o que pode ir, por exemplo, para uma folha de papel ou para o arquivo do computador, é fundamental para a saúde da memória.

A fonte das recordações está ligada a diversos fatores, como a necessidade da informação, interesse pessoal, número de vezes em que teve contato com ela ou emoção do momento. Aliás, quando as sensações e emoções estão envolvidas a fixação, em geral, é maior. A liberação de hormônios e neurotransmissores que existem nesse processo ajuda na retenção de um dado.

Esse mecanismo pode relacionar-se tanto aos bons como aos maus acontecimentos. Porém o organismo, buscando meios para se defender, em muitos casos não arquiva ou esconde as ocasiões ruins, ou seja, as emoções prejudiciais. E o melhor que você tem a fazer é realmente fugir delas. Injete sentimentos positivos no cérebro. Faça atividades que lhe dão prazer, que você goste. Ouça músicas que o alegram, assista comédias, reencontre amigos.

Capítulo 2

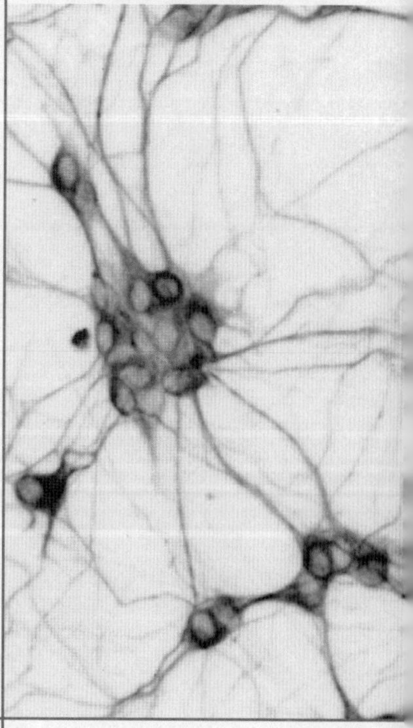

Vilões da memória

Atualmente não há quem não reclame de lapsos de memória. Segundo especialistas da área, a maioria das falhas está relacionada às memórias de curtíssima ou curta duração, aquelas que duram poucos segundos ou minutos. Esse mecanismo é normal e até saudável, porque evita que a memória fique sobrecarregada.

Um dos maiores vilões da memória é o estresse, que causa uma agressão brutal ao organismo. Entretanto, várias situações podem prejudicar a memória e atrapalhar a rotina diária de milhares de pessoas. Conhecendo esses vilões, certamente torna-se mais fácil cuidar da memória e levar uma vida mais tranqüila.

O QUE PREJUDICA A MEMÓRIA

• Noites mal-dormidas

A capacidade de armazenar informações e tirar proveito delas é, em grande medida, influenciada pela qualidade do sono. Quando dormimos mal, tendemos a ficar em estado de sonolência durante o dia e isso, somado ao cansaço, reduz nosso desempenho intelectual.

Temos mais dificuldade de focar nossa atenção, resolver problemas, recordar informações e registrar as novas; em suma, a memória, o aprendizado e o raciocínio são prejudicados. Sem contar que nosso humor também fica alterado. Há pessoas que ainda sofrem com dor de cabeça.

E aqui vai um alerta: quem acredita que roncar significa estar dormindo bem está enganado. Pessoas que roncam muito podem apresentar complicações cardíacas, pois forçam a musculatura respiratória e, com isso, sobrecarregam o coração. Com o tempo, podem ter hipertensão ou até mesmo um infarto.

- **Estresse**

Quando esse vilão torna-se crônico, causa prejuízos não apenas à memória. O ditado "quando a mente adoece o corpo padece" encaixa-se perfeitamente aqui. Quando estamos estressados, temos falta de concentração e, conseqüentemente, dificuldade para reter novos aprendizados.

O estresse desencadeia uma descarga excessiva de hormônios, como a adrenalina, acarretando diversas alterações no funcionamento de nosso organismo, tanto fisiológicas como psíquicas. Nossa freqüência cardíaca aumenta, a respiração pode ficar ofegante, os músculos tencionam, entre outras consequências.

Outro hormônio liberado na situação de estresse é o cortisol. Em grandes quantidades, ele pode inibir os processos de produção e evocação da memória e gerar o já conhecido "branco". O estresse causa lapsos de memória porque desequilibra as substâncias químicas que regulam as células nervosas.

- **Ansiedade**

O excesso de ansiedade, a qualquer tempo e para qualquer pessoa, sempre significará um sabotador de memória.

A agitação interna vivida pelo ansioso dificulta a circulação sangüínea – o que piora com a idade já que os vasos tendem a ficar mais estreitos – e pode gerar uma má irrigação do hipocampo, região do cérebro que é fundamental para a formação e a recuperação das lembranças.

Uma sugestão para baixar a ansiedade e o estresse é a acupuntura, técnica milenar com agulhas em pontos estratégicos que relaxa e acalma o paciente, entre outros tantos benefícios.

• Depressão e outros Distúrbios Afetivos

A depressão e outros distúrbios afetivos desgastam o processo de memorização porque, além das alterações dos processos bioquímicos, o indivíduo perde a capacidade de concentração, fundamental para ativar a memória.

Pessoas com depressão crônica têm dificuldade para lembrar acontecimentos recentes. A falta de motivação e de energia, própria desse quadro, torna-as menos propensas a se esforçar para codificar novos dados, o que resulta no não-registro da informação e na incapacidade de se recordar.

A baixa auto-estima e o foco em pensamentos negativos também podem influenciar no funcionamento da memória. Quem já acredita que é esquecido ou que tem uma memória ruim, pode acomodar-se nesse pensamento e não evoluir, porque já impôs um limite para sua capacidade.

Tanto para a depressão quanto para os distúrbios afetivos, procurar um tratamento com psiquiatras ou psicólogos é fundamental.

O uso de medicação tranqüilizante (calmantes) por tempo prolongado provoca a diminuição da memória e favorece também a depressão?

Dr. Paulo Bertolucci: tranqüilizantes interferem na atenção e, por conseguinte, na memória. Mas não há evidências de que induzam à depressão.

• Medicamentos

A farmacologia avança a cada dia trazendo importantes descobertas para nossa saúde. Mas alguns medicamentos podem afetar a memória e a concentração. É por isso que vale repetir a regra: automedicação nem pensar, consulte sempre um médico e siga as orientações que lhe forem dadas.

Há medicamentos que ajudam a manter ou melhorar a memória?

Dr. Paulo Bertolucci: não existe comprovação de que qualquer medicação melhore a memória de uma pessoa sadia.

• Álcool

É um dos mais danosos à memória. Já é de conhecimento geral que o álcool afeta o cérebro. O excesso pode provocar problemas de coordenação motora, raciocínio, alterações na fala, distúrbios de visão e outros.

Em curto prazo, o álcool causa transtornos, principalmente na memória de curta duração, o que prejudica a retenção de novas informações.

Mesmo ingerido em baixas quantidades, mas regularmente, o álcool pode interferir na capacidade de recordação ou levar a um enfraquecimento da memória. Isso quer dizer que, mesmo sob leve influência de álcool, a fixação das lembranças diminui. Quanto mais álcool se absorve, menos as recordações se registram e fixam.

Portanto, o melhor é evitar qualquer absorção de álcool, especialmente quando temos que estudar ou freqüentar cursos, participar de uma reunião etc. Quando o consumo torna-se um vício, a melhor orientação é procurar ajuda profissional. Hoje o alcoolismo é reconhecido como doença e necessita de tratamento.

• Tabaco

Sem dúvida, fumar é também prejudicial à memória. Resumidamente, podemos dizer que o tabaco prejudica a oxigenação do cérebro. A nicotina do tabaco contrai as pequenas artérias e com o tempo pode causar aumento da pressão arterial e gerar dificuldades na circulação cerebral. Mas os prejuízos variam de acordo com o estilo de vida de cada pessoa.

Claro que o fumante que (paradoxalmente) se cuida e se dedica a preservar e aumentar sua capacidade de memorização terá, aparentemente, uma memória melhor, se comparada àquele que não tenha feito nenhum esforço nesse sentido. Porém, é indiscutível a influência nociva do tabaco sobre a memória.

• Drogas

Assim como o álcool, as drogas são perigosíssimas para a memória. Elas afetam as células nervosas do cérebro que envolvem as funções de "aquisição" e "evocação".

A pessoa não só tem dificuldades nas percepções e reflexos, como pode ter dificuldades para lembrar de acontecimentos recentes (memória de curto prazo), dificuldades no aprendizado, nas atividades intelectuais, no raciocínio, nas habilidades motoras, entre outras. Os problemas podem surgir desde a realização de tarefas mais complexas como nas mais simples.

• Má alimentação

A dieta rica em gordura é tão prejudicial para o cérebro quanto para o resto do corpo, pois contribui para a obstrução das paredes dos vasos sangüíneos. Além disso, aumenta as chances de aparecimento de doenças como a hipertensão, que também compromete as funções cerebrais.

Cafeína em excesso (café e chá) pode interferir na memória?
Dr. Paulo Bertolucci: vale observar a quantidade diária ingerida. Em excesso (mais do que três ou quatro doses ao dia) geram uma excitação que pode ser prejudicial à memória, além de causar outros danos à saúde, como problemas gástricos, tensão, ansiedade e insônia.

• Lesões cerebrais

Lesões no cérebro provocadas por traumatismo ou derrame podem comprometer a memória. Quem sofreu um derrame, por exemplo, pode lembrar-se da infância ou do que aconteceu antes do acidente vascular, mas ter dificuldades para formar novas memórias. Por isso não consegue recordar-se do que fez no dia anterior. Podem existir casos em que a pessoa sofre também de amnésia retrógrada e perde as memórias mais antigas. Contudo, em geral, são as lembranças mais recentes, arquivadas por menos tempo, que se apagam.

Ginkgo biloba é bom para a memória?
Dr. Paulo Bertolucci: essa erva vem sendo usada na tentativa de diminuir a perda da memória ou mesmo regredir um quadro já instalado. Mas, embora venha demonstrando eficácia na melhora da memória, na atenção e na concentração, é preciso cautela no uso, pois ainda são necessários mais estudos, especialmente em relação aos efeitos colaterais. O efeito preventivo, por exemplo, contra doenças como Alzheimer, ainda precisa de pesquisas mais profundas. Assim, nada de

ingerir ginkgo biloba sem acompanhamento médico. Uma superdosagem pode trazer problemas para sua saúde.

• Excesso de informações

Esse assunto já foi abordado, mas vale registrar que o excesso de informações pode ser prejudicial quando você está imerso em um ambiente de condições estressantes, contribuindo, assim, para reduzir seu foco de atenção.

• Excesso de atividades

O grande segredo para manter a memória em dia é ter uma vida ativa. No entanto, o excesso de atividades também pode trazer prejuízos. Com sobrecarga de trabalho, de emoções ou de atividades em geral, chega um momento em que o organismo não responde mais. É preciso cuidar para não ultrapassar os próprios limites, tornando as ações improdutivas e ineficientes, prejudicando, sobretudo, a memória.

QUANDO ESQUECER É O MELHOR REMÉDIO...

Esquecer também faz parte da saúde da memória. O cérebro precisa eliminar o que não interessa. Afinal, a quantidade de informações a que somos expostos cresce a cada dia, justamente à medida que as tecnologias disponibilizam dados cada vez mais ágeis. Esquecer também significa dizer não ao excesso de atividades.

Capítulo 3

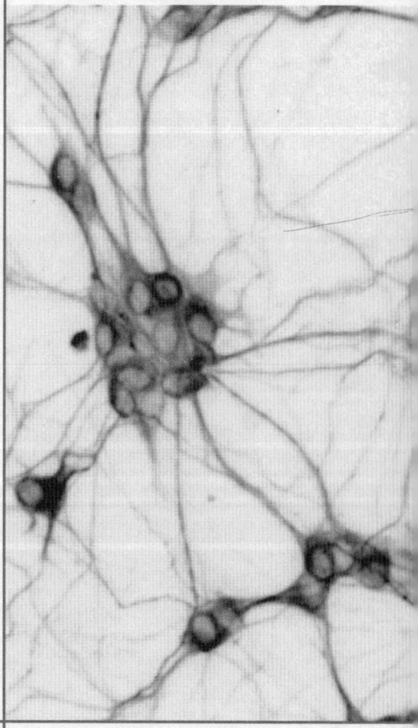

Patologias.
Não se descuide!

QUANDO É HORA DE PROCURAR UM MÉDICO

Quem é que já não teve um lapso de memória? Você pode ter esquecido de algo em algum momento bem importante. Isso é possível de acontecer com qualquer pessoa, e acontece vez ou outra. Pequenas perdas de memória são normais. O problema surge quando isso passa a apresentar riscos ou dificuldades para o cotidiano, seja pessoal, social ou profissional.

Lapsos freqüentes de memória, diminuição do rendimento intelectual, dificuldade de atenção e de concentração podem indicar que algo não vai bem, por isso é importante estar atento. Segundo levantamento da Organização Mundial da Saúde (OMC), divulgado no início de 2007 e intitulado “Doenças Neurológicas: Desafios de Saúde Pública”, as complicações neurológicas, da enxaqueca à demência, afetam até um bilhão de pessoas no mundo todo.

É fundamental procurar sempre orientação médica para investigar e identificar possíveis causas. O problema pode estar associado a fatores emocionais – como o próprio estresse ou a ansiedade –, a distúrbios psicológicos, problemas metabólicos ou a doenças neurológicas.

É bom frisarmos que a queda natural da capacidade da memória associada à idade não é doença. Existe um déficit que pode vir a interferir na atenção, concentração ou na retenção de dados, mas isso não compromete as funções e o dia-a-dia do indivíduo. Aliás, existem pessoas que possuem 80, 90 anos e que têm a memória íntegra, assim como são ativas intelectualmente.

Um outro lembrete: jamais se automedique. Avaliar, diagnosticar, orientar, aconselhar e tratar são condutas que devem ser transmitidas por profissionais especializados: os neurologistas. A você cabe a consciência do quão relevante é consultar-se com um médico e seguir as recomendações dele. Além de profissionais especializados, hoje existem hospitais que já contam com programas de *check-up* específicos para a memória.

Já vimos que o desenvolvimento das funções cerebrais pode ser afetado por diversos hábitos de vida que envolvem o consumo de álcool, estresse, vida sedentária, sono ruim, fumo etc. Traumas e problemas como arteriosclerose, tumores, encefalite, amnésia, doença de Alzheimer, entre outros, também podem interferir no funcionamento da memória. A seguir, um pouco sobre aquela que é a principal patologia relacionada à demência: a doença de Alzheimer.

• Doença de Alzheimer

A doença de Alzheimer (DA) provoca alterações nas áreas do cérebro que controlam a memória, o raciocínio e a linguagem, e pode também afetar outras funções. O problema leva à degeneração das sinapses e à perda neural em áreas cerebrais específicas.

Apesar da palavra demência soar como pejorativa, é assim que a Ciência e a Medicina referem-se aos problemas que levam à perda das atividades cerebrais. A doença de Alzheimer é, entre os problemas de demência, a que mais afeta a população mundial. Segundo a Academia Brasileira de Neurologia (ABN), existem muitos estudos internacionais a respeito da freqüência da doença de Alzheimer na população. Na maior parte deles, a doença de Alzheimer representa a principal causa de demência em idosos, correspondendo a mais de 50% dos casos que incidem nessa faixa etária.

Os idosos estão entre os que mais sofrem com o problema. Informar e conscientizar a população sobre a doença, a importância do diagnóstico, do tratamento e sobre atitudes preventivas tem de ser um compromisso do governo com a saúde pública, assim também como de profissionais da imprensa e veículos de comunicação em geral.

As causas da doença de Alzheimer ainda não são conhecidas. Contudo, segundo descreve a ABN, não são conseqüências da DA: envelhecimento; endurecimento das artérias e das veias do cérebro; falta de oxigênio no cérebro; estresse, trauma psicológico ou depressão; retardo e preguiça mental.

Dentre os sinais da doença apresentados pela Academia estão:

- perda progressiva da memória, principalmente para eventos recentes;

- dificuldade de comunicação, tanto para compreender quanto para expressar-se (exemplo: dificuldade para encontrar palavras);
- dificuldade para realizar tarefas habituais;
- dificuldade de planejamento;
- desorientação no tempo e no espaço;
- dificuldade de raciocínio, juízo e crítica;
- em fases mais avançadas, dificuldade para se lembrar de familiares e de amigos e reconhecê-los;
- depressão;
- apatia;
- ansiedade;
- agitação, inquietação, às vezes agressividade, com piora no final do dia;
- problemas de sono: troca do dia pela noite;
- delírios (pensamentos anormais, idéias de ciúme, perseguição, roubo etc.);
- alucinações (alterações do pensamento e dos sentidos, como ver coisas que não existem);
- problemas motores, nas fases avançadas: dificuldade de locomoção etc.;
- nas fases avançadas: perda de controle das necessidades fisiológicas e dificuldade para deglutição.

E os dez principais sinais de alerta, ou seja, aqueles a que se deve procurar logo o médico, ou levar o familiar em uma consulta:

- problema de memória que chega a afetar as atividades e o trabalho;
- dificuldade para realizar tarefas habituais;

– dificuldade para se comunicar;
– desorientação no tempo e no espaço;
– diminuição da capacidade de juízo e de crítica;
– dificuldade de raciocínio;
– colocar muito freqüentemente objetos no lugar errado;
– alterações freqüentes do humor e do comportamento;
– mudanças na personalidade;
– perda de iniciativa para realização de tarefas.

Ainda não existe um tratamento que cure definitivamente a doença de Alzheimer, embora a Ciência busque constantemente uma solução e, quem sabe, possamos comemorar a cura dentro em breve. No entanto, existe tratamento. Há medicações que ajudam a retardar a evolução ou amenizar os sintomas. Porém, vale frisar que o médico é o melhor conselheiro, é ele quem tem o conhecimento para diagnosticar, avaliar e orientar o tratamento. Quanto mais precoce o diagnóstico, melhor o paciente e os familiares aprendem a lidar com a DA.

• **Prevenção**

Medidas gerais que ajudam a preservar a saúde mental e que diminuem o risco de a pessoa ter doença de Alzheimer estão relacionadas àquelas descritas anteriormente.

– atividade mental regular e diversificada;
– atividade física regular;
– boa alimentação;
– bom sono;
– lazer;

- evitar maus hábitos: não fumar, beber com moderação;
- cuidados gerais com a saúde física: tomar os medicamentos corretamente, ir ao médico regularmente.

Fonte: ABN/2007.

Pessoas que usam mais o intelecto têm menos probabilidade de desenvolver Alzheimer?

Dr. Paulo Bertolucci: pessoas que usam o intelecto criam uma reserva cerebral, o que não significa que têm menos chance de desenvolver a DA. Se houver a propensão da pessoa desenvolvê-la, o que pode acontecer é a doença, provavelmente, aparecer mais tardiamente e, pelo menos na fase inicial, evoluir mais devagar.

Capítulo 4

Como manter e potencializar sua memória

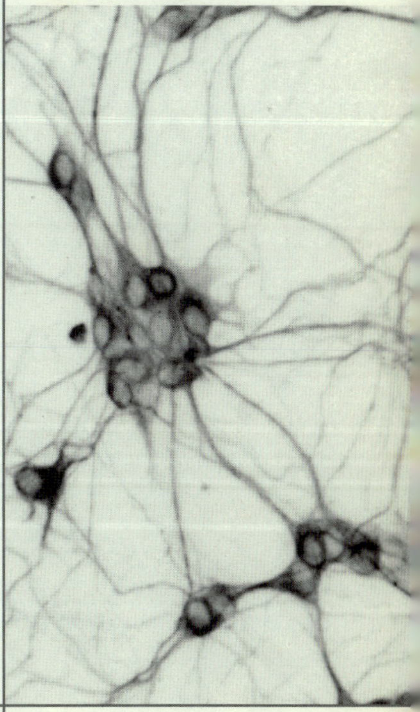

Novos neurônios e suas fundamentais ramificações – as conexões – podem surgir no cérebro o tempo todo. E quanto mais conexões um cérebro possui, inteligências e aptidões tornam-se acessíveis.

Claro que se nos lembrássemos de absolutamente tudo o que nos acontece diariamente, estaríamos fadados à loucura. O cérebro é inteligente e tem seu filtro natural. Até porque informações inúteis sobrecarregam a memória, ocupando um espaço que poderia ser aproveitado com aquilo que realmente vale a pena guardar.

Nas últimas décadas, a Neurociência tem avançado a passos largos na capacidade de estudar e entender como o cérebro funciona, descobrindo capacidades que nem imaginávamos.

Para aumentar a agilidade de processamento de informações, é preciso integrar uma série de fatores saudáveis, especialmente fazer atividade física, alimentar-se adequadamente e evitar rotinas estressantes, o que nem sempre é fácil.

Podemos ao menos tentar fazer a nossa parte. Atividades simples, como conversar com amigos, ler, praticar atividade física, ser alegre, já contribuem para aumentar o número de conexões entre os neurônios (as sinapses) e, quanto mais isso acontece, mais potencializamos a memória. Não é preciso tanto esforço para termos uma boa memória.

A seguir, sugestões de práticas para estimular percepções, novos pensamentos e inteligências.

• Memória artificial

Use o papel e a tecnologia a seu favor. Quer lembrar-se do que precisa comprar no supermercado ou dos itens da pauta para aquela reunião? Faça uma lista. Anote seus compromissos na agenda de papel ou eletrônica, programe o celular para lhe lembrar de algo, use e abuse dos recursos que existem para auxiliá-lo. Pra quê passar pelo estresse do esquecimento? Nem é saudável saber tudo de cor. Agendas eletrônicas, celulares, *palmtops* e computadores têm nos ajudado a armazenar informações. Quando precisamos delas basta darmos alguns comandos. Essas "memórias" têm capacidades cada vez maiores e tornam-se também cada vez mais rápidas.

• Fuja da rotina desestimulante

Tudo que é novo, diferente, estimula as sinapses, as conexões entre os neurônios. Ações bem simples como voltar para sua casa por um caminho diferente já oferecem outros estímulos visuais e percepções. Almoce em um lugar diferente. A previsibilidade subutiliza o poder cerebral de formar novas associações.

• **Invente caminhos**

Alterar as rotas que você habitualmente faz é um pequeno exemplo para mudar a rotina. Invente um caminho alternativo para ir ao trabalho, para visitar a namorada ou o namorado, por exemplo.

• **Troque o cotidiano**

Mude as ações que fazem parte de seu dia-a-dia. Escove os dentes com a outra mão. Leia a revista de trás para frente (se já faz isso, então inverta). Escute uma rádio que nunca ouviu. Tome banho com os olhos fechados. Ative novos circuitos cerebrais.

• **Dê espaço para a criatividade**

O inusitado também está presente na criatividade. Dentro do lar, você pode inventar pratos novos ou até mesmo inovar ao apimentar os momentos sexuais preparando um ambiente diferente. A inspiração pode vir de temas de países, por exemplo. Prepare uma noite marroquina, outra francesa, outra japonesa...

A criatividade pode estar, e é saudável que esteja, permeando os ambientes nos quais você passa mais tempo. No trabalho, faça um inventário mental de suas atividades procurando um ponto no qual possa propor mudanças para melhorar seu rendimento ou o da companhia.

• Cultive a calma

Já vimos como o estresse contribui para aquele "branco". Para mudar essa combinação, faça atividades que ajudam a promover o relaxamento, como meditação, ioga, massagens. Muitas vezes, ações simples como ouvir uma música suave ou ler um livro podem transportar você a um estado mais relaxante. Mas há uma dica ainda mais importante: evite as preocupações excessivas. Para os casos crônicos de estresse, a melhor orientação deve ser sempre dada por um especialista.

• Hora de estudar

Dedique atenção e concentração a esse momento. E não adianta estudar muitas disciplinas de uma só vez. Lembre-se de que excesso de informação também é prejudicial. Depois de um tempo, dê uma pausa para o lanche, por exemplo. Afinal, um descanso para o cérebro é importante.

• Lembrando-se de uma informação esquecida

Um nome, um lugar ou um filme lhe escapam da memória agora? Procure pistas. Quando uma informação está armazenada na sua memória, mas encontra-se momentaneamente inacessível, embora você tenha certeza de sabê-la, pare de tentar se lembrar. Em um momento inesperado, algo associado àquela informação chamará sua atenção e você se lembrará. Quanto maior a carga emocional da recordação, mais os detalhes preeminentes são carregados com associações pessoais e mais gatilhos de recordação existem. Você pode lembrar-se mais de acontecimentos.

• *Flashback*

Que tal despertar lembranças da sua infância ou da sua adolescência? Geralmente, quando lembramos dessas fases, elas são carregadas de emoção. Recorde, por exemplo, a comemoração de um de seus aniversários que tenha sido especial para você – se tiver fotos e anotações guardadas, resgate-as. Procure reviver emoções, sensações, cheiros. A lembrança de um fato desperta outro. Você verá que, mesmo alguns dias depois, uma recordação nova dessa época surgirá na sua mente.

• Alimentação

Todas as células do corpo, inclusive as do cérebro, trabalham usando a energia proveniente dos alimentos. Invista em uma dieta equilibrada com proteínas, vitaminas e carboidratos. Uma dica que pode contribuir com a boa memória é comer peixe – a sabedoria popular já dizia isso. É que os peixes possuem os ácidos graxos ômega-3, necessários para o desenvolvimento cerebral.

• Faça amigos ou resgate os antigos

Conhecer novas pessoas significa também conhecer novos assuntos e criar novas oportunidades para socialização. Passe a comprar pão em uma padaria diferente, abasteça o carro em um outro posto de combustíveis... E você também pode criar situações para rever os velhos amigos, conversar, sair etc.

• Lembrando do que se leu

O texto parece desinteressante? Faça uma lista de perguntas cujas respostas quer encontrar no texto. Preste muita atenção às frases que resumem a idéia central de cada parágrafo. Descubra a coerência dos argumentos. Por último, tente delinear um mapa mental – vá interligando palavras – com as idéias principais do texto

• Redecore o ambiente

Que tal dar um visual novo para sua sala? Troque as poltronas e mude de lugar os objetos de sua mesa de trabalho. Você pode fazer isso em muitos outros ambientes

• Pausas para relaxamento mental

Um cafezinho, um suco ou até mesmo uma água podem ser uma boa justificativa para uma importante pausa mental. Quando ficamos muitas horas fixados em uma mesma ação, a tendência é diminuirmos a concentração. Além de relaxar a mente, esse pode ser um bom momento para interação social.

• **Rosto familiar**

Quem tem dificuldade de lembrar nomes e fisionomias pode tentar o seguinte exercício, com a ajuda de um amigo: cada um deve recortar dez fotos de rostos desconhecidos de jornais ou revistas e escrever o nome atrás da imagem. Troque as imagens com o colega e estude uma a uma antes de ler os nomes. Depois associe as primeiras impressões que a fisionomia lhe traz aos seus respectivos nomes. Coloque as fotos de lado e, depois de 15 minutos, um amigo testa o outro para ver de quantos nomes cada um se lembrou.

• **Viaje para se divertir**

Conheça lugares desconhecidos. Use os diferentes meios de transporte locais. Experimente a comida e as diversões, saia de carro sem um plano definido.

• **Imagens distorcidas**

Você pode treinar a memória no momento de montar a lista de compras. Imagine uma maçã com todos os detalhes – cores, defeitos, tamanho. Agora modifique sua maçã com alguns exageros – torne-a gigantesca, por exemplo. Faça isso com cinco itens, de início, e com toda a lista depois.

• **Ative os músculos**

Fuja do sedentarismo. A atividade física contribui para o funcionamento do sistema circulatório e a irrigação do cérebro. E mais: praticada com regularidade, ajuda a diminuir a ansiedade, além de melhorar o humor. Você também pode trocar a esteira por uma caminhada ao ar livre, intensificando as experiências multissensoriais.

• **Reconstituindo o dia**

Antes de dormir, você pode tentar relembrar tudo o que aconteceu durante seu dia, reconstituindo cenas e diálogos com detalhes e na ordem em que ocorreram. Com o tempo, os detalhes vêm à mente com mais facilidade.

• **Revise**

Se você quer armazenar algo na memória por mais tempo, é interessante realizar revisões com diferentes intervalos de tempo. Por exemplo, entrar em contato com a mesma informação após dez minutos, um dia, uma semana, um mês e três meses depois.

• **Festim para os sentidos**

Freqüente a feira livre com alma de explorador. Invente refeições com produtos cujo aspecto lhe pareça agradável. Visite mercados étnicos e sinta novos cheiros, prove novos sabores. Eles acrescentam acordes na sinfonia de sua atividade cerebral.

• Invista no sono

Antes de ir para a cama, um banho e uma leitura ajudam o corpo a relaxar. Use a cama para dormir. Nada de fazer dela local de planejamento para o dia seguinte nem do jantar. Evite comer muito próximo à hora de dormir. Investir no sono é essencial para a saúde de seu cérebro. Afinal, uma noite mal dormida interfere na qualidade da memória.

• Quanto mais usa, melhor fica

O cérebro pode ser comparado a um músculo, se não for usado, atrofia. Então, use-o. Pode ser por meio das tradicionais palavras cruzadas, ou até criar o hábito de anotar os sonhos logo ao acordar, com todos os detalhes possíveis. Aos poucos, a história escrita vai ficar cada vez mais completa.

• Construa imagens mentais

Faça exercícios de visualização e descreva com palavras o que estiver imaginando. Imagens mentais são ótimos recursos para a lembrança. Por exemplo, você terá uma reunião às dez horas. Imagine um relógio bem grande, marcando dez horas. Visualize os ponteiros e também você chegando para o compromisso. Dessa forma, sua mente constrói uma ligação com os movimentos físicos e, ao mesmo tempo, você está treinando a sua memória.

• A leitura potencializa

Um ótimo exercício para estimular a memória e evitar déficits futuros é a leitura. Quando você lê, estimula a memória visual da imaginação, a memória verbal. Ler é um ato que, em si, exige concentração.

• Paixão pelo que se faz

É preciso o mínimo de paixão para que a vida ganhe sentido. Não basta fazer, praticar, exercitar – seja lá o que for –, se não houver uma pitada de sentimento. O interesse e a paixão por aquilo que se faz repercutem na fixação das novas informações. Eles geram atenção pois, sem atenção, praticamente não existe memória.

• Injete alegria nos seus dias

Fuja do pessimismo, dos pensamentos e das atitudes negativas. Quando o baixo astral surgir, aja positivamente. Ouça músicas que o deixam alegre, assista a uma comédia, um livro pode gerar bons sentimentos, assim como estar com as pessoas que você ama, escrever também pode ajudar, cozinhar, receber uma massagem. Quando estamos alegres, nosso corpo libera hormônios que nos deixam mais ativos e, ao contrário, quando estamos tristes, deprimidos, nossa atenção e concentração são prejudicadas e, conseqüentemente, a memória.

ATENÇÃO E CONCENTRAÇÃO

• Desperte seu alto nível de atenção e concentração

A atenção ajuda-nos a selecionar ou mesmo priorizar as recordações. Falar em atenção é falar também sobre o que desperta nosso interesse. Passamos a ter um foco e dedicar-nos a ele, mesmo que por instantes.

Você já tentou prestar atenção em algo pelo qual não se interessa? Não é fácil, mas há situações em que isso é preciso. Não estamos falando aqui da atenção com significado de "esteja alerta". É, sobretudo, sobre a percepção – estar com os sentidos do seu corpo e da sua mente ativos. Percepção, segundo uma das definições do dicionário Houaiss, é a "faculdade de apreender por meio dos sentidos ou da mente".

No processo da atenção, todos os nossos sentidos entram em ação (às vezes uns mais que outros), assim também como os estímulos emocionais. Portanto, se você quer guardar uma informação, será necessário direcionar seu foco, mas não superficialmente. Envolva-se, injete emoção e, quando possível, intensifique os sentidos.

O mesmo se aplica quando você deseja que outra pessoa retenha a informação que está transmitindo. Há professores que são muito bons nisso. Suas aulas têm música, imagem, humor. Em síntese, criatividade para estimular os sentidos e as emoções.

As pessoas têm graus diferentes de percepção, por isso, determinados acontecimentos podem ter mais impacto para uns pelo aspecto visual e para outros, pelo auditivo, por exemplo. Assim, em uma atividade que englobe várias pessoas, como uma palestra, o palestrante terá mais sucesso, no que se refere à retenção de informações por parte do seu público, à medida que despertar diferentes estímulos.

Aproveitando o quesito memorização, a publicidade é mestre em explorar sentidos e emoções para fixar uma marca ou produto. O *marketing* olfativo já é utilizado por várias empresas. Uma empresa fabricante de panetones, por exemplo, já aromatizou salas de cinema em São Paulo com a essência desta iguaria natalina, enquanto imagens do produto eram exibidas no telão, antes do filme começar.

Quando a percepção está ativa, nossa atenção está em alerta. E podemos ainda elevar o grau desse envolvimento quando estamos em estado de concentração. Um jogo de xadrez, um filme, a leitura de um livro, inúmeras são as situações com as quais você pode estar envolto e que, por vezes, nem mesmo nota o que acontece ao seu redor.

Da mesma forma que a atenção, a concentração varia de indivíduo para indivíduo. Tem a ver com os hábitos, com o bem-estar, com o período do dia, o ambiente etc. Conhecemos pessoas que não conseguem escrever com barulho, já outras desligam-se de tudo. O mundo pode estar desabando e elas estão lá, completamente absorvidas pelos pensamentos que brotam e são transferidos para um computador ou uma folha de papel.

Desafiar-se a mudar de hábitos, desde que isso não cause estresse para você, pode ser interessante e pode lhe ensinar a se concentrar em diferentes situações.

Outras ferramentas para manter a atenção:

• **Interesse**
É o que atrai a atenção logo de início. Raramente algo que não desperta interesse nem emoção consegue prender a atenção.

• **Tranqüilidade**
Pessoas ansiosas ou estressadas sofrem de excesso de pensamentos e preocupações que geram distração. Tornar-se receptivo e manter uma atitude otimista favorecem muito a atenção.

• **Satisfação**
Aumenta o nível da atenção prestada a qualquer coisa que a estimule.

• **Motivação**
A perspectiva de atingir um objetivo, de ter sucesso ou de desenvolver o seu potencial deixa você mais atento automaticamente.

- **Vigilância**

Um estado de alerta favorece a manutenção da atenção por um longo período, e você pode permanecer aberto a novas demandas sem se cansar.

- **Curiosidade**

Estimula a atenção. Quanto mais curioso você for em relação ao seu ambiente e à vida em geral, mais a sua atenção será estimulada.

- **Emoções**

Tanto emoções positivas quanto negativas despertam automaticamente a atenção e tornam-a mais intensa: o medo de perder alguma informação nos obriga a prestar atenção pelo máximo de tempo possível.

Para evitar o esquecimento

Evitar esquecer não é o mesmo que potencializar a memória. E sabemos que distração, falta de atenção e de concentração são as causas mais freqüentes do esquecimento. Veja como melhorar este quadro com dicas simples e bastante eficientes no dia-a-dia.

– Ponha itens que você quer lembrar em um lugar pouco comum. Por exemplo, ponha a roupa suja que você deve levar no tintureiro no chão, em frente à porta.

– Designe um lugar e chame-o de "Praça da Memória". Este seria o lugar especial para chaves, óculos, comprimidos e pequenos papéis nos quais você fez anotações.

– Ajuste o alarme do despertador para a hora em que você deve fazer algo.
– Mantenha um calendário e uma lista dos seus afazeres. Para tanto, deixe papel e lápis no bolso, no criado-mudo e no carro.
– Se você não tiver o papel à mão quando precisar, escreva na mão mesmo.
– Use pistas associadas a objetos. Por exemplo, vire o anel ou o relógio para dentro, ponha um papel amassado no bolso, incline o abajur, amarre um nó no lenço. Tente usar sempre as mesmas pistas para as mesmas coisas e cada vez que você cruzar com o objeto que você usa como pista, vai lembrar o que significa.
– Escreva lembretes para si e coloque-os em lugares visíveis.
– Não adie tarefas, não procrastine. Faça agora, assim há menos oportunidade para se esquecer.
– Fale para si: “Viro a chave. Abro a porta. Retiro a chave. Fecho a porta”. Assim você nunca esquecerá a chave do lado de fora da porta. Ou então: “Estou ligando o gás. Acendo o gás. Coloco a panela por cima da boca do fogão. Assim evitamos explosões”. Isso faz com que sua atenção esteja focada naquilo que estiver fazendo.
– Se você se encontra em um outro cômodo e não sabe o por quê, volte para o cômodo de onde saiu. Isso freqüentemente traz de volta a memória. Às vezes basta apenas se imaginar no cômodo anterior que funciona.
– Conte os itens que você transporta, assim não deixará nenhum para trás.

Cuidado com o exagero!

Seguindo essa tendência de exercitar o cérebro, alguns profissionais e até *sites* específicos têm se aproveitado da busca pela capacidade de memorização, fazendo promessas impossíveis de se cumprir. Ou seja, para cair no exagero, perder a medida e investir em falsas expectativas, basta um descuido.

Claro que é importante cuidar da saúde mental e buscar caminhos alternativos para manter a memória em bom estado, mas tudo o que vira obsessão pode nos render mais prejuízos do que vantagens.

Especialistas em Neurociência, Neurobiologia e Memória são praticamente unânimes em afirmar que, além dos cuidados simples que devemos ter para não cairmos no ostracismo da mente, muito pouco pode ser feito, comprovadamente.

Portanto, pílulas que aumentam a capacidade de memorização, exercícios virtuais ou quaisquer outros meios que pareçam mirabolantes devem ser encarados com bastante cuidado.

Outras linhas ainda, tais como investir em ginástica para o cérebro, incitam pessoas a buscar maneiras de melhorar seu desempenho em relação à memorização. Tudo pode ser válido e, obviamente, promove algum ganho, desde que seja feito com prazer e que não termine por "roubar" um tempo que deveria ser investido em outras áreas da vida, tais como relacionamentos, leitura, lazer e até o sono.

Sendo assim, o mais importante é cuidar para não exagerar. Aprender sempre algo novo, durante toda a vida, é a melhor maneira de expandir todas as nossas capacidades. E, para isso, basta estarmos atentos ao que acontece ao nosso redor e dispostos a assimilar.

Capítulo 5

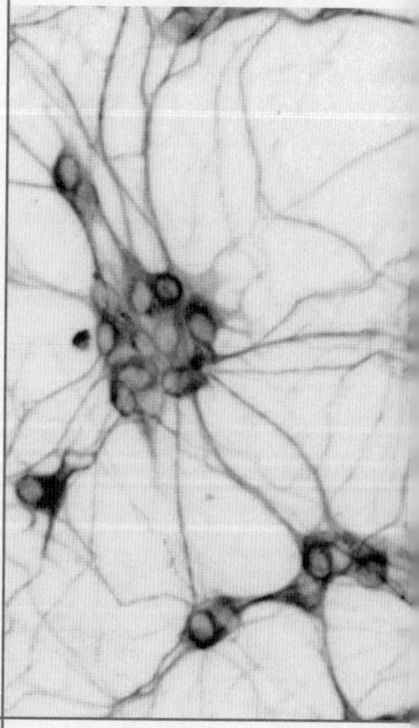

Dicas de exercícios práticos

Toda vez que você se propõe a sair da rotina está ativando circuitos sensoriais e motores pouco utilizados normalmente, o que resulta em uma melhora cerebral em todos os sentidos, inclusive a memorização.

Além de todas as alternativas já propostas neste livro, selecionamos alguns exercícios, criados e propostos por estudiosos e especialistas na saúde do cérebro humano, a fim de ajudar você a diversificar e treinar sua memória.

Ampliando suas conexões

Mude apenas uma letra em cada uma das palavras listadas abaixo, a fim de que sejam formadas novas palavras. Você tem cinco minutos e pode colocar acentos nas palavras criadas. Por exemplo: em colar você troca a letra "c" pela "d' e forma dólar. Quanto mais rápido você concluir o exercício, melhor será o estímulo para sua capacidade de recuperar uma informação e sua fluência verbal será ampliada.

Rede ______________________________

Chulé ______________________________

Encerro ___________________________

Cesta ______________________________

Colar ______________________________

Cadeira_____________________________

Anela ______________________________

Amigo ______________________________
Posta _______________________________
Malha ______________________________
Cano _______________________________
Inverno _____________________________
Dotado _____________________________
Baralho _____________________________
Rolha _______________________________
Câmera _____________________________
Maleta ______________________________
Capela ______________________________
Noturno _____________________________
Lula ________________________________

Exercício para se lembrar de nomes

- Pergunte de novo o nome da pessoa e diga-o em voz alta. Repita o nome para si várias vezes.
- Escreva o nome para referência futura, no calendário ou livro de endereços.

- Faça associação com objetos, marcas, rimas. Dê adjetivos para torná-los engraçados (sem nunca dizer para a pessoa como é que você lembra seu nome).

- Se você está envolvido em muitas organizações ou atividades, mantenha uma lista das pessoas envolvidas em cada uma. Faça uma revisão dos nomes antes de ir para uma reunião, por exemplo.

- Associe uma feição física proeminente que se associa com a pessoa em seu nome. Por exemplo, Joaquim Conte se transforma em Joaking Kongte como "King Kong".

- Quando tudo falha, em vez do nome, diga apenas querido ou querida ou caríssimo ou caríssima, ou qualquer outro termo cordial.

Memorização

Exercício 1

- Leia uma frase por quatro vezes.
- Depois, repita-a de cor.
- Obtida a memorização, medite sobre ela.

Exercício 2

Observe os nomes anotados nos quadrados abaixo por 30 segundos e, em seguida, cubra-os.

José Alonso   Pedro Dias   Tatiana Souza
Cláudia Ferreira   Íris Torres   Silvia Oliveira

Usando sua memória, escreva os nomes dos destinatários no espaço abaixo, respeitando a ordem em que aparecem.

Exercício 3

- Olhe para um objeto qualquer.
- Em seguida, feche os olhos e descreva-o mentalmente.
- Depois, abra os olhos e verifique o que esqueceu e o que lembrou ao descrevê-lo.

Exercício 4

Leia as seqüências horizontais de quatro palavras. Depois, repita-as na ordem inversa:

Avião	Trem	Carro	Ônibus
Rua	Avenida	Alameda	Rodovia
Ouro	Bronze	Prata	Latão
Prêmio	Recompensa	Troféu	Medalha
Queimar	Carbonizar	Tostar	Chamuscar

Exercício 5

- Abra as páginas de um jornal e leia os títulos das notícias.
- Em seguida, feche-as e repita o que leu, mentalmente.
- Depois, abra os olhos e verifique se conseguiu lembrar de todos.

Capítulo 6

Curiosidades

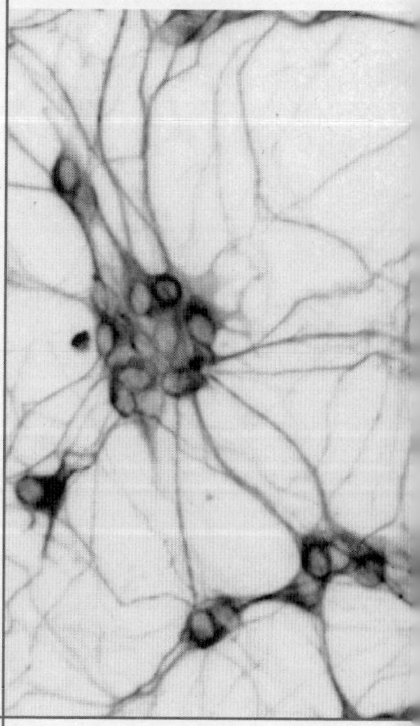

Deusa da memória

Você sabia que a memória tem uma deusa e que foi ela quem deu origem ao termo? Mnemosine é a deusa grega da memória, que gerou com Zeus as musas responsáveis pela inspiração de poetas, literatos e filósofos. Sobre ela, Zilda Kessel, educadora e formadora do Museu da Pessoa e especializada em Museologia, escreveu:

> *Para os antigos gregos, a memória era sobrenatural. Um dom a ser exercitado. A deusa Mnemosine, mãe das musas, protetoras das Artes e da História, possibilitava aos poetas lembrar do passado e transmiti-lo aos mortais. A memória e a imaginação têm a mesma origem: lembrar e inventar têm ligações profundas. O registro era visto como algo que contribuía para o enfraquecimento da memória, ao transferi-la para fora do corpo do sujeito. Os gregos desenvolveram muitas técnicas para preservar a lembrança sem lançar mão do registro escrito. Além disso, reservaram ao sujeito que "lembra" um papel social fundamental. O poeta resgata o que é importante do esquecimento. É uma espécie de memória viva do seu grupo.*

Ainda bem que hoje podemos contar com muitos meios para armazenar as informações, e não apenas com nosso cérebro. Essa é uma das vantagens das quais temos de tirar proveito em prol da saúde da memória. Foi no século XX que o funcionamento da memória ganhou importantes subsídios das ciências física e biológica. No artigo "Memória e Memória Coletiva", Zilda Kessel conta:

> *(...) os estudos envolveram necessariamente os conceitos de retenção, esquecimento e seleção, elementos fundamentais da memória. A retenção talvez seja o mais óbvio: preservamos uma parte das nossas vivências e experiências. Por*

motivos variados, que podem relacionar-se à emoção, ao contexto do vivido, entre outros, parte do que vivemos é preservado ou esquecido. A memória é, portanto, seletiva. Os mais diversos mecanismos entram em jogo neste processo. O afeto, a importância de uma experiência para si e para o grupo, a relação entre diferentes experiências.

Memória de elefante

Você já deve ter escutado essa expressão. Mas será que sabe como ela surgiu? Não se tem a informação exata de como e quando ela apareceu, mas o que se sabe é que esses animais têm mesmo uma grande capacidade para armazenar dados. Eles recordam muito do que aprendem e, por isso, são umas das grandes atrações circenses. Há relatos, por exemplo, que os originários da Índia, quando adestrados, não só reconhecem como também obedecem a mais de cem comandos que lhes são ensinados.

Tratamento baseado na extinção da memória

Um método conhecido e utilizado no tratamento de fobias, síndrome do pânico e transtorno obsessivo compulsivo (TOC) é o da extinção. O terapeuta expõe o paciente aos estímulos que o fazem entrar em contato com a memória que lhe provoca medo ou ansiedade (aranhas, ambientes fechados etc.) e ajuda-o a reavaliar as circunstâncias em que essas sensações aparecem. Funciona em boa parte dos casos, mas leva tempo. O tratamento está longe de ser uma solução rápida e indolor.

Comportamento

Um novo aprendizado resulta em novas conexões neurais, ou seja, as células do seu cérebro sofrem uma alteração e influenciam seu comportamento. Se você vive uma experiência ruim, como queimar a mão em um ferro ou sofre uma "dor de amor", naturalmente irá evitar passar por essa vivência novamente.

Cientistas estão em busca da pílula da memória?
Dr. Paulo Bertolucci: os cientistas tentam entender mecanismos básicos da memória, para aumentar sua eficiência, mas estamos longe de uma pílula da memória.

Você sabe o que é ou já teve um *déjà vu*?

Déjà vu é um termo francês que significa, literalmente, já visto. E pode apresentar variações como: *déjà vecu*, já experimentado; *déjà senti*, já sentido; *déjà visité*, já visitado. Em 1876, o cientista francês Emile Boirac, um dos primeiros pesquisadores a estudar o fenômeno, foi quem deu os nomes ao assunto.

Déjà vu é uma expressão que designa a impressão que uma pessoa tem de já ter visto ou experimentado algo antes, que está sendo vivenciado pela primeira vez. É como a sensação de reviver um momento do passado e não apenas uma recordação.

Parabéns!

Se você leu ao menos algumas páginas deste livro já está potencializando sua memória. Afinal, a leitura é uma poderosa ferramenta para o desempenho dos neurônios.

Mas, mais importante é que você descubra prazer em cada atividade que realizar. Entusiasmo e motivação estimulam a comunicação entre os neurônios.

Faça dos momentos simples, além de fonte de energia para seu cérebro, inspiração para viver.

BIBLIOGRAFIA

ARTIGOS

CARDOSO, Silvia Helena. Memória: o que é e como melhorá-la. Disponível em: <www.cerebromente.org.br/n01/memo/memoria.htm>. Acesso em: 22 nov. 2007.

HELENE, André Frazão; XAVIER, Gilberto Fernando. A construção da atenção a partir da memória. Departamento de Fisiologia do Instituto de Biociências da USP. *Revista Brasileira de Psiquiatria*, vol. 25, supl. 2, São Paulo, dez. 2003.

LIVROS

101 maneiras de melhorar sua memória: jogos, dicas e estratégias. Rio de Janeiro: Seleções Reader's Digest, 2006.

ALVAREZ, Ana. *Cuide de sua memória*. São Paulo: Nova Cultural.

______. *Deu branco*. Rio de Janeiro: Best Seller, 2005.

IZQUIERDO, Iván. *A arte de esquecer*. Rio de Janeiro: Vieira & Lent Casa Editorial, 2004.

LE GOFF, Jacques. *História e memória*. Campinas: Unicamp, 2003.

O'BRIEN, Dominic. *Aprenda a usar a memória*. São Paulo: Publifolha, 2004.

RADVANY, João. *Tratando de memória e das causas do esquecimento*. São Paulo: Alaúde, 2006.

THOMAS, David. *Como melhorar a memória*. São Paulo: Publifolha, 2003.

TRUCOM, Conceição. *Alimentação desintoxicante*. São Paulo: Alaúde, 2004.

SITES

Academia Brasileira de Neurologia
www.abneuro.org

Cérebro & Mente
www.cerebromente.org.br

Ciência Hoje
www.cienciahoje.uol.com.br

Como tudo funciona
www.hsw.uol.com.br

Organização Mundial da Saúde
www.who.org

Saúde em Movimento
www.saudeemmovimento.com.br

Science
www.sciencemag.org

ScienceNet
www.sciencenet.com.br

Impresso em janeiro de 2008, em papel offset 90 g/m^2,
nas oficinas da Bartira Gráfica.
Composto em Baskerville, corpo 12

Manuela Editorial Ltda.
Rua Dr. Amâncio de Carvalho,192/206
Vila Mariana – 04012-080 – São Paulo, SP
Telefone: (11) 5085.8080
livraria@artepaubrasil.com.br
http://www.artepaubrasil.com.br